Impressum
Verlag: BABADADA GmbH, Nedderfeld 112 , 22529 Hamburg
Geschäftsführer / Verlagsleitung: Harald Hof
Druck: Books on Demand GmbH, In de Tarpen 42, 22848 Norderstedt

Imprint
Publisher: BABADADA GmbH, Nedderfeld 112 , 22529 Hamburg, Germany
Managing Director / Publishing direction: Harald Hof
Print: Books on Demand GmbH, In de Tarpen 42, 22848 Norderstedt

škola

school

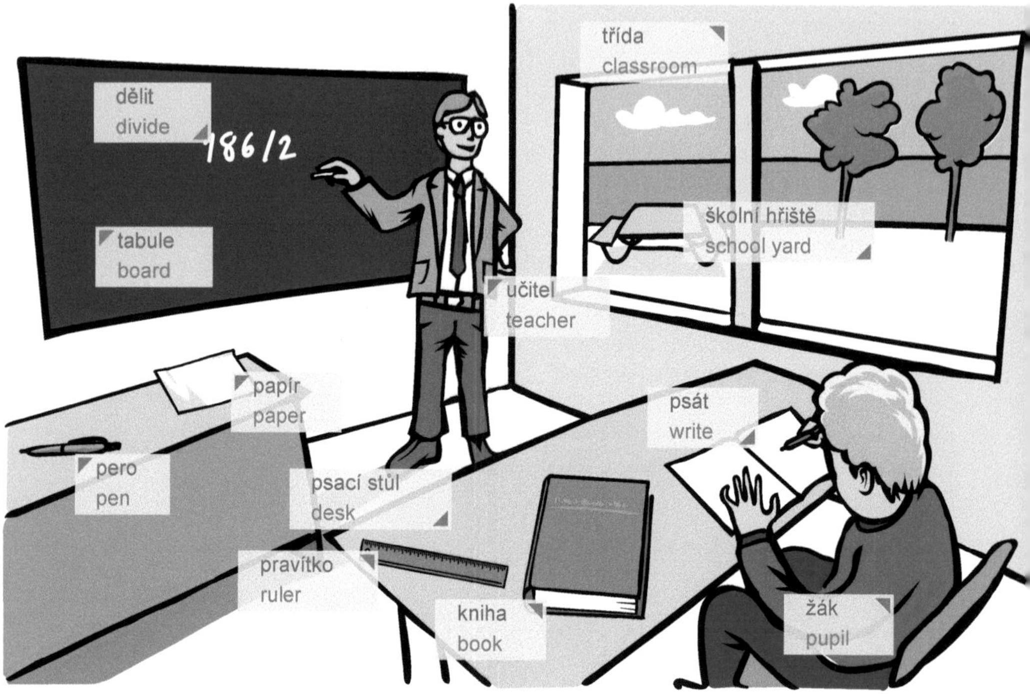

třída
classroom
dělit
divide
186/2
tabule
board
školní hřiště
school yard
učitel
teacher
papír
paper
psát
write
pero
pen
psací stůl
desk
pravítko
ruler
kniha
book
žák
pupil

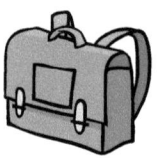

aktovka

satchel

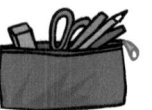

penál

pencil case

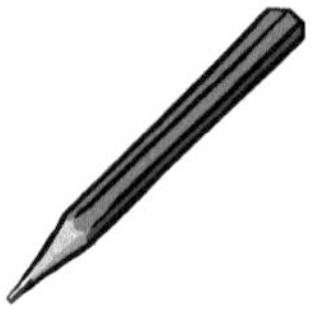

tužka

pencil

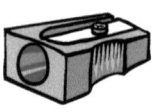

ořezávátko

pencil sharpener

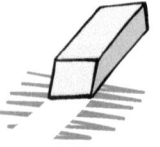

guma

rubber

blok na kreslení

drawing pad

výkres

drawing

štětec

paintbrush

malířské potřeby

paint box

nůžky

scissors

lepidlo

glue

cvičebnice

exercise book

domácí úkol

homework

12

počet

number

2+2

sčítat

add

5-2

odčítat

subtract

2×2

násobit

multiply

počítat

calculate

A

písmeno

letter

**ABCDEFG
HIJKLMN
OPQRSTU
VWXYZ**

abeceda

alphabet

hello

slovo

word

text

text

číst

read

křída

chalk

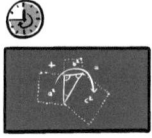

hodina

lesson

třídní kniha

register

zkouška

exam

vysvědčení

certificate

školní uniforma

school uniform

vzdělání

education

encyklopedie

encyclopedia

univerzita

university

mikroskop

microscope

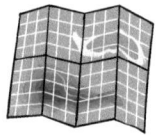

karta

map

odpadkový koš na papír

waste-paper basket

škola - school

cesta
travel

hotel
hotel
Grand
ubytovna
hostel
ROOMS
EXCHANGE
směnárna
bureau de change
kufr
suitcase
auto
car

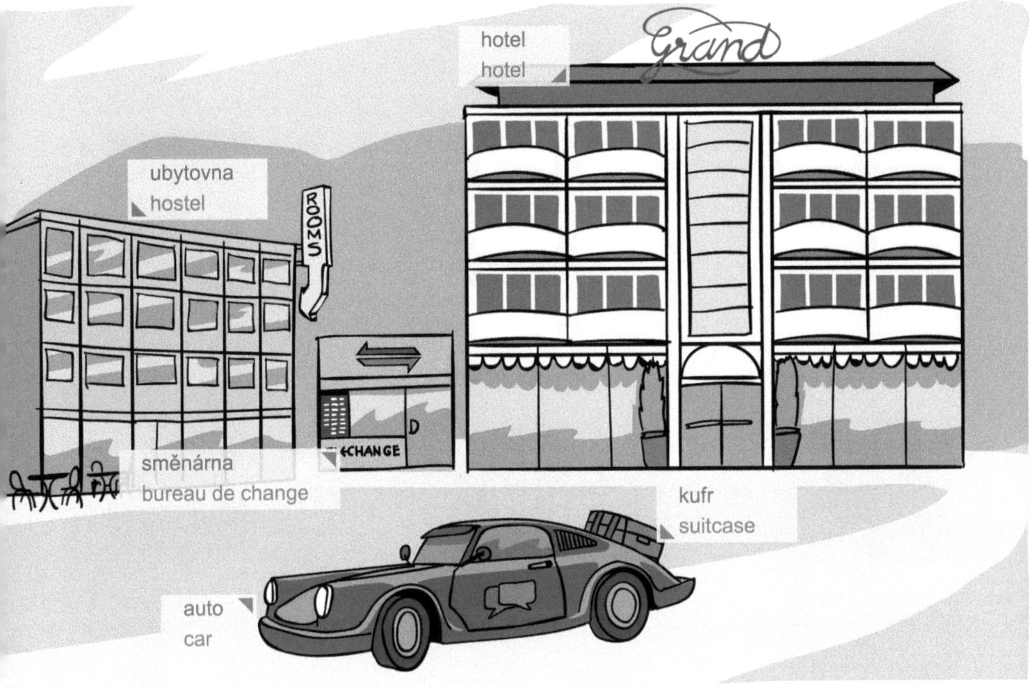

jazyk

language

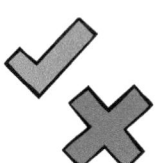

ano / ne

yes / no

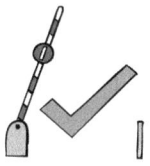

oukej

Okay

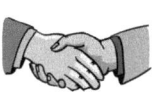

Ahoj!

hello

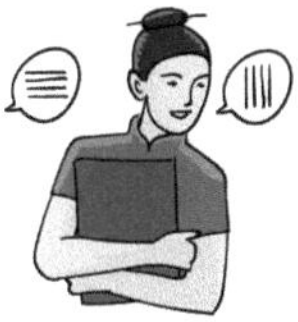

překladatel

translator

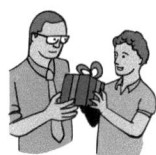

děkuji

Thank you

Kolik stojí...?

how much is...?

nerozumím

I do not understand

problém

problem

Dobrý večer!

Good evening!

Dobré ráno!

Good morning!

Dobrou noc!

Good night!

na shledanou

bye bye

směr

direction

zavazadlo

luggage

taška

bag

batoh

backpack

host

guest

pokoj

room

spací pytel

sleeping bag

stan

tent

turistické informace

tourist information

pláž

beach

kreditní karta

credit card

snídaně

breakfast

oběd

lunch

večeře

dinner

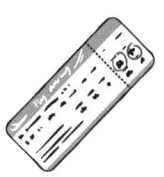

jízdenka

ticket

výtah

lift

poštovní známka

stamp

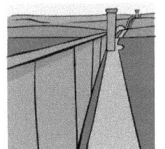

hranice

border

clo

customs

poselství

embassy

vízum

visa

pas

passport

transport
transport

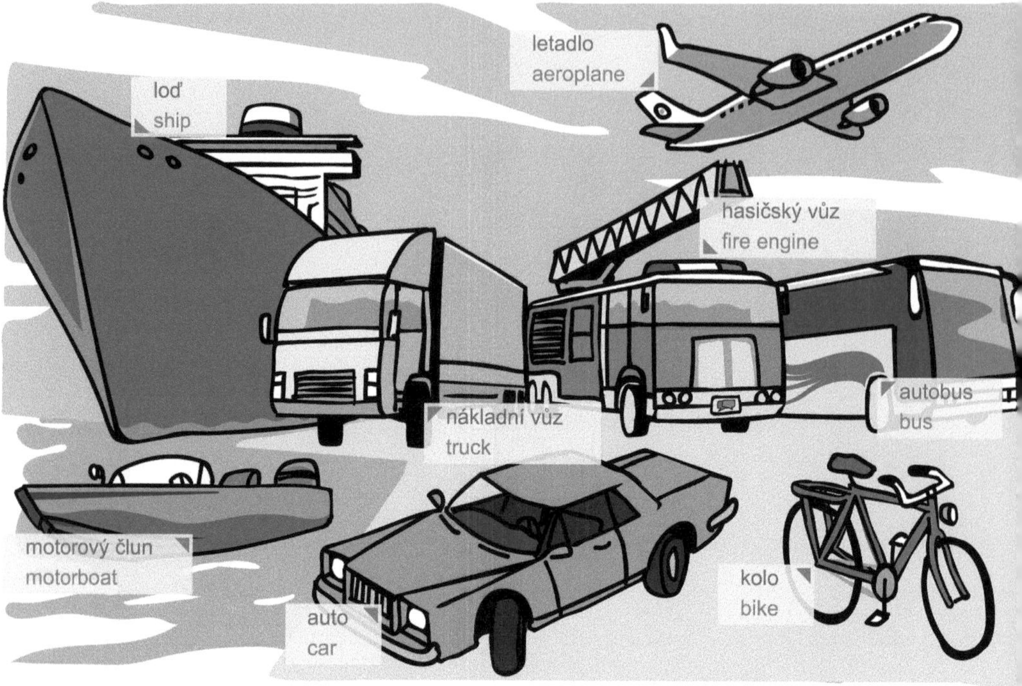
letadlo
aeroplane
loď
ship
hasičský vůz
fire engine
autobus
bus
nákladní vůz
truck
motorový člun
motorboat
kolo
bike
auto
car

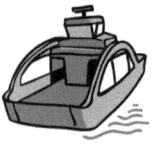

přívoz

ferry

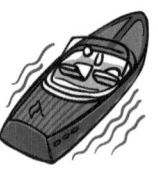

člun

boat

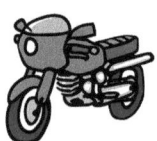

motorka

motorbike

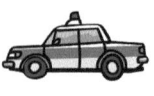

policejní auto

police car

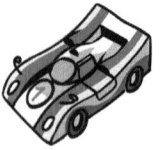

závodní auto

racing car

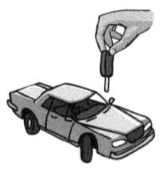

pronajaté auto

rental car

sdílení aut

car sharing

odtahová služba

breakdown truck

popelářský vůz

refuse truck

motor

motor

palivo

fuel

čerpací stanice

petrol station

dopravní značka

traffic sign

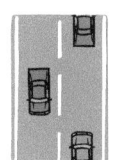

doprava

traffic

dopravní zácpa

traffic jam

parkoviště

car park

vlakové nádraží

train station

koleje

tracks

vlak

train

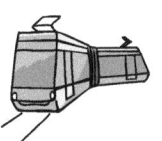

tramvaj

tram

vagón

carriage

helikoptéra

helicopter

letiště

airport

věž

tower

pasažér

passenger

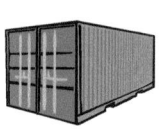

kontejner

container

kartón

carton

trakař

cart

koš

basket

vzlétnout / přistát

take off / land

město

city

vesnice

village

střed města

city centre

dům

house

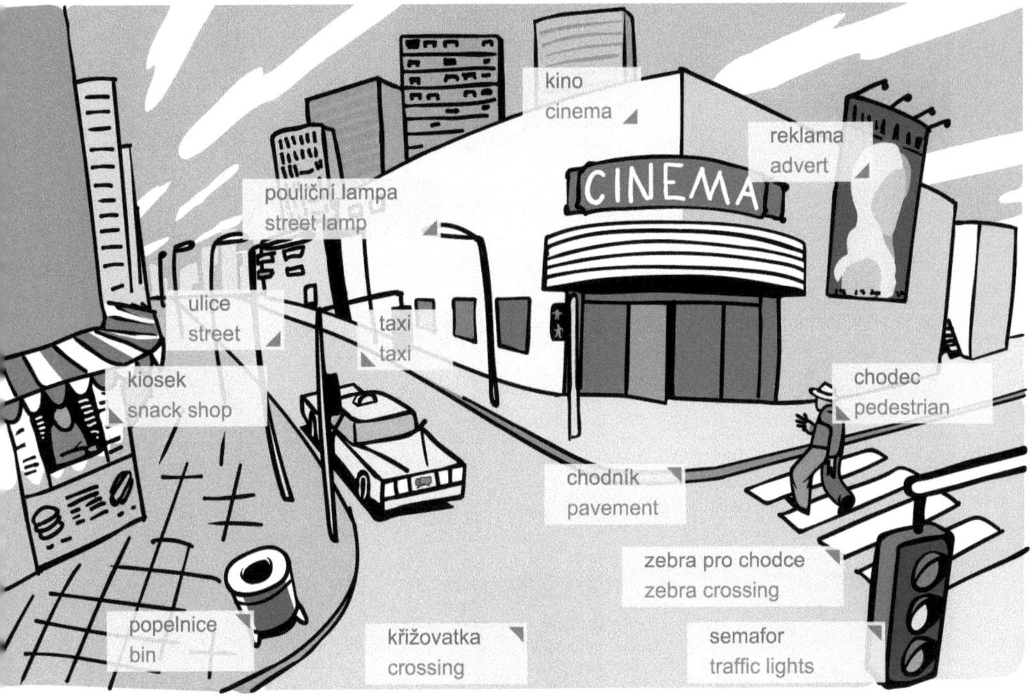

kino
cinema

reklama
advert

pouliční lampa
street lamp

CINEMA

ulice
street

taxi
taxi

kiosek
snack shop

chodec
pedestrian

chodník
pavement

zebra pro chodce
zebra crossing

popelnice
bin

křižovatka
crossing

semafor
traffic lights

chata

hut

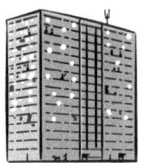

byt

flat

vlakové nádraží

train station

radnice

town hall

muzeum

museum

škola

school

univerzita

university

banka

bank

nemocnice

hospital

hotel

hotel

lékárna

pharmacy

kancelář

office

knihkupectví

book shop

obchod

shop

květinářství

florist's

supermarket

supermarket

tržnice

market

obchodní dům

department store

rybárna

fishmonger's

nákupní centrum

shopping centre

přístav

harbour

park

park

lavička

bench

most

bridge

schody

stairs

metro

underground

tunel

tunnel

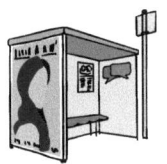

autobusová zastávka

bus stop

bar

bar

restaurace

restaurant

poštovní schránka

postbox

pouliční tabule

street sign

parkovací hodiny

parking meter

zoo

zoo

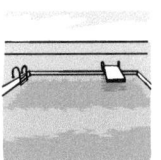

plovárna

swimming pool

mešita

mosque

usedlost
farm

znečišťování životního prostředí
pollution

hřbitov
graveyard

církev
church

hřiště
playground

chrám
temple

krajina
landscape

list
leaf

rozcestník
signpost

cesta
way

louka
meadow

kámen
stone

turista
hiker

strom
tree

řeka
river

tráva
grass

květina
flower

údolí
valley

hora
hill

jezero
lake

les
forest

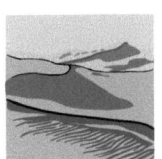

poušť
desert

sopka
volcano

zámek
castle

duha
rainbow

houba
mushroom

palma
palm tree

komár
mosquito

moucha
fly

mravenec
ant

včela
bee

pavouk
spider

brouk

beetle

žába

frog

veverka

squirrel

ježek

hedgehog

zajíc

hare

sova

owl

pták

bird

labuť

swan

divoké prase

boar

jelen

deer

los

moose

přehrada

dam

větrné kolo

wind turbine

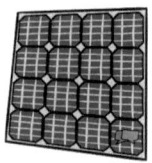

solární panel

solar panel

podnebí

climate

restaurace
restaurant

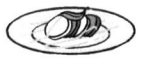

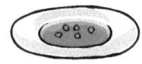

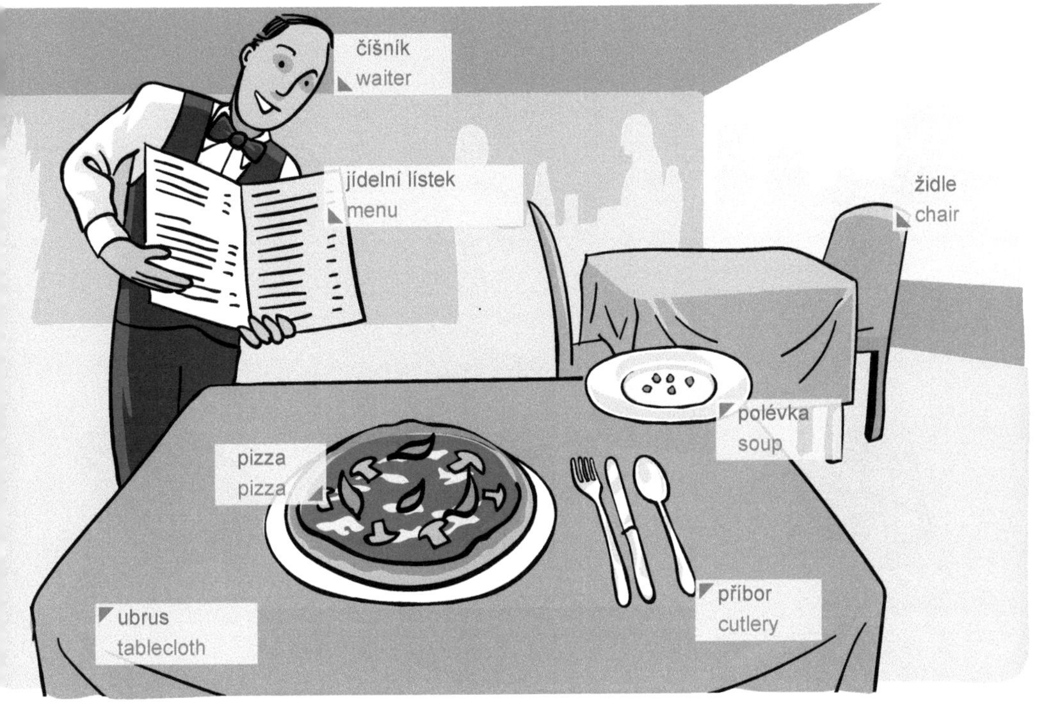
číšník
waiter
jídelní lístek
menu
židle
chair
polévka
soup
pizza
pizza
příbor
cutlery
ubrus
tablecloth

předkrm

starter

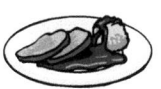

hlavní chod

main course

dezert

dessert

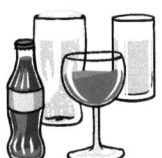

nápoje

drinks

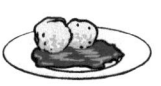

jídlo

food

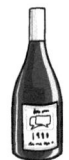

láhev

bottle

rychlé občerstvení

fast food

pouliční občerstvení

street food

čajová konvice

teapot

cukřenka

sugar bowl

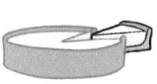

porce

portion

kávovar na espresso

espresso machine

dětská stolička

high chair

faktura

bill

tác

tray

nůž

knife

vidlička

fork

lžíce

spoon

čajová lyžička

teaspoon

ubrousek

serviette

sklenička

glass

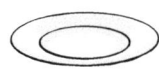

talíř

plate

talíř na polévku

soup plate

podšálek

saucer

omáčka

sauce

slánka

salt pot

mlýnek na pepř

pepper mill

ocet

vinegar

olej

oil

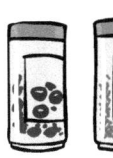

koření

spices

kečup

ketchup

hořčice

mustard

majonéza

mayonnaise

supermarket
supermarket

nabídka
special offer
FOR
zákazník
customer
mléčné výrobky
dairy
ovoce
fruit
nákupní vozík
trolley

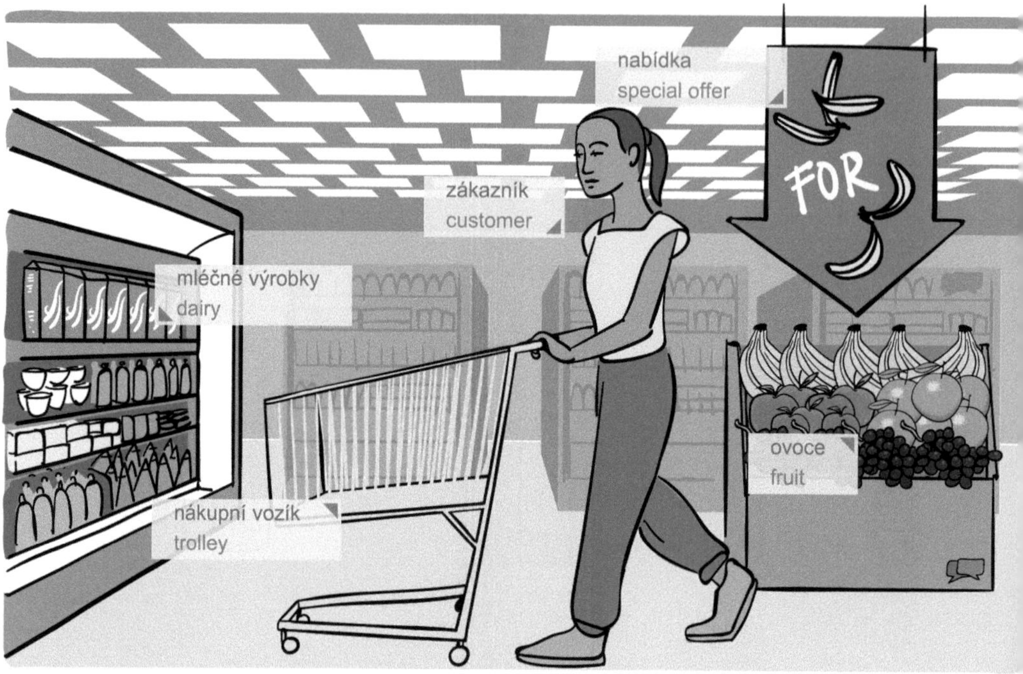

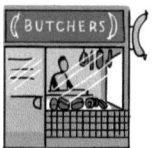

BUTCHERS

masna

butcher´s

BAKERY

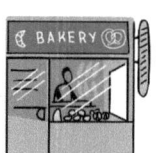

pekařství

baker´s

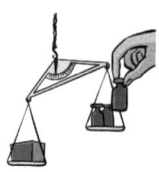

vážit

weigh

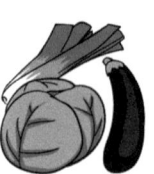

zelenina

vegetables

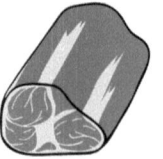

maso

meat

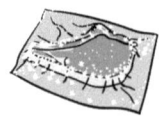

mražené potraviny

frozen food

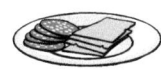

obložený talíř
......
cold meat

konzervy
......
tinned food

prací prášek
......
washing powder

cukrovinky
......
sweets

výrobky pro domácnost
......
household products

čisticí prostředek
......
cleaning products

prodavačka
......
salesperson

pokladna
......
till

pokladní
......
cashier

nákupní seznam
......
shopping list

otevírací doba
......
opening hours

peněženka
......
wallet

kreditní karta
......
credit card

taška
......
bag

igelitová taška
......
plastic bag

voda

water

džus

juice

mléko

milk

kola

coke

víno

wine

pivo

beer

alkohol

alcohol

kakao

cocoa

čaj

tea

káva

coffee

espresso

espresso

kapučíno

cappuccino

banán

banana

jablko

apple

pomeranč

orange

meloun

melon

citrón

lemon

mrkev

carrot

česnek

garlic

bambus

bamboo

cibule

onion

houba

mushroom

ořechy

nuts

těstoviny

noodles

špageti

spaghetti

rýže

rice

salát

salad

hranolky

chips

americké brambory

fried potatoes

pizza

pizza

hamburger

hamburger

sendvič

sandwich

řízek

cutlet

šunka

ham

salám

salami

salám

sausage

kuře

chicken

pečeně

roast

ryby

fish

ovesné vločky

porridge oats

müsli

muesli

vločky

cornflakes

mouka

flour

croissant

croissant

houska

bread roll

chléb

bread

toast

toast

sušenky

biscuits

máslo

butter

tvaroh

curd

buchta

cake

vejce

egg

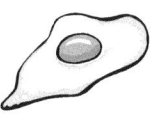

volské oko

fried egg

sýr

cheese

zmrzlina

ice cream

cukr

sugar

med

honey

marmeláda

jam

nugátový krém

chocolate spread

kari

curry

usedlost
farm

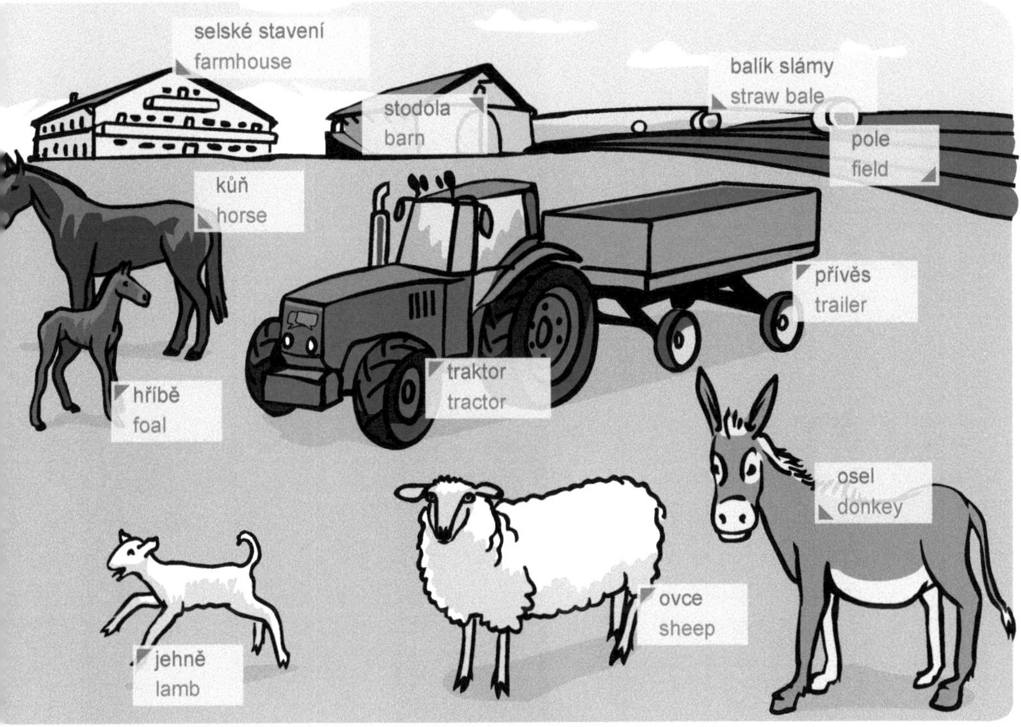

selské stavení
farmhouse
balík slámy
straw bale
stodola
barn
pole
field
kůň
horse
přívěs
trailer
traktor
tractor
hříbě
foal
osel
donkey
ovce
sheep
jehně
lamb

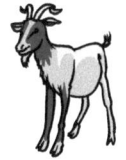

koza

goat

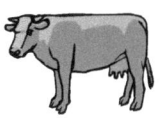

kráva

cow

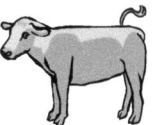

tele

calf

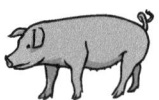

prase

pig

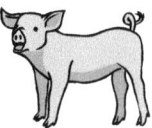

sele

piglet

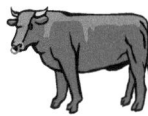

býk

bull

husa

goose

kachna

duck

kuře

chick

slepice

hen

kohout

cock

krysa

rat

kočka

cat

myš

mouse

vůl

ox

pes

dog

psí bouda

doghouse

zahradní hadice

garden hose

kropicí konev

watering can

kosa

scythe

pluh

plough

srp
sickle

motyka
hoe

vidle
pitchfork

sekera
axe

kolecko
wheelbarrow

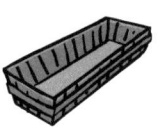

koryto
trough

konev na mléko
milk can

pytel
sack

plot
fence

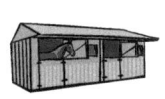

stáj
stable

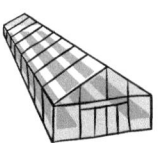

skleník
greenhouse

půda
soil

osivo
seed

hnojivo
fertilizer

kombajn
combine harvester

sklidit

harvest

sklizeň

harvest

smldinec

yams

pšenice

wheat

sója

soy

brambora

potato

kukuřice

corn

řepka

rapeseed

ovocný strom

fruit tree

maniok

cassava

obilí

cereals

dům

house

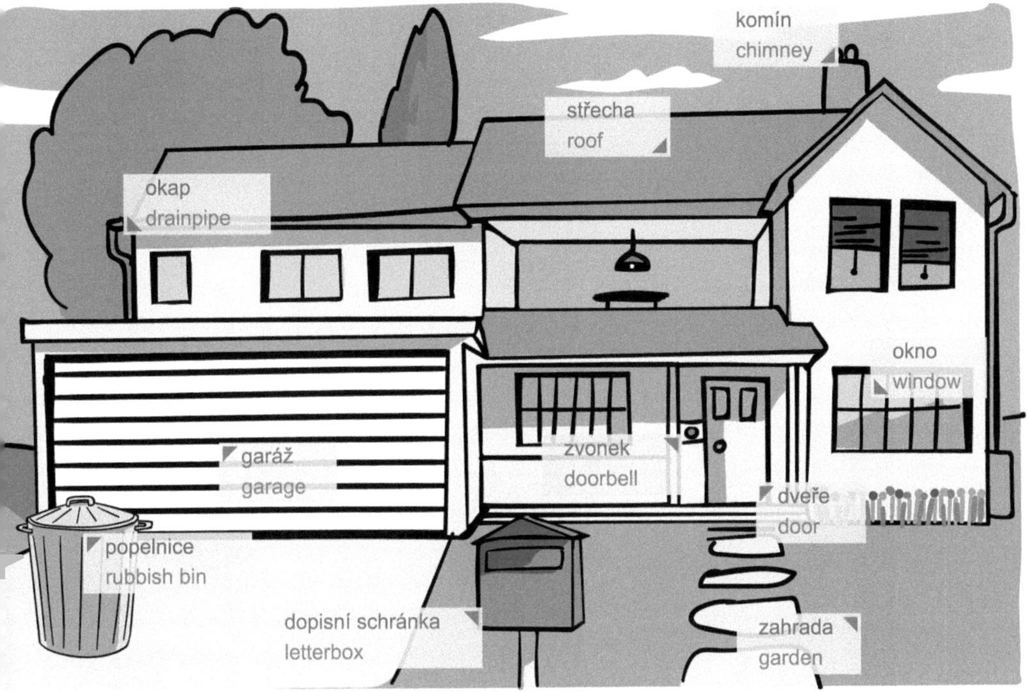
komín
chimney
střecha
roof
okap
drainpipe
okno
window
garáž
garage
zvonek
doorbell
dveře
door
popelnice
rubbish bin
dopisní schránka
letterbox
zahrada
garden

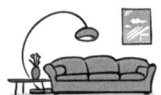

obývací pokoj

living room

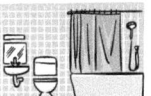

koupelna

bathroom

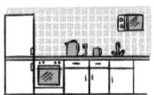

kuchyně

kitchen

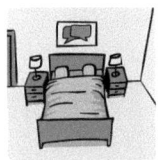

ložnice

bedroom

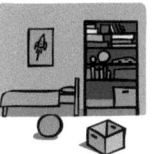

dětský pokoj

child's room

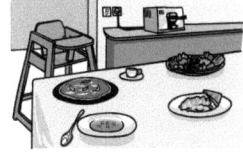

jídelna

dining room

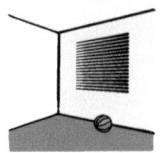

podlaha

floor

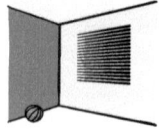

zeď

wall

deka

ceiling

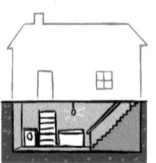

sklep

cellar

sauna

sauna

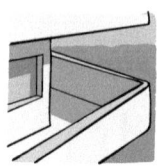

balkón

balcony

terasa

terrace

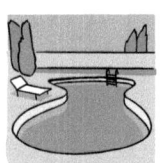

bazén

pool

sekačka na trávu

lawn mower

ložní prádlo

sheet

lůžková přikrývka

bedspread

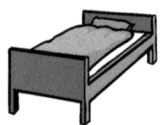

postel

bed

smeták

broom

kýbl

bucket

vypínač

switch

obývací pokoj
living room

tapeta
wallpaper
obrázek
picture
žárovka
lamp
police
shelf
skříň
cupboard
televizor
television
komín
fireplace
květina
flower
polštář
cushion
gauč
sofa
váza
vase
dálkový ovladač
remote control

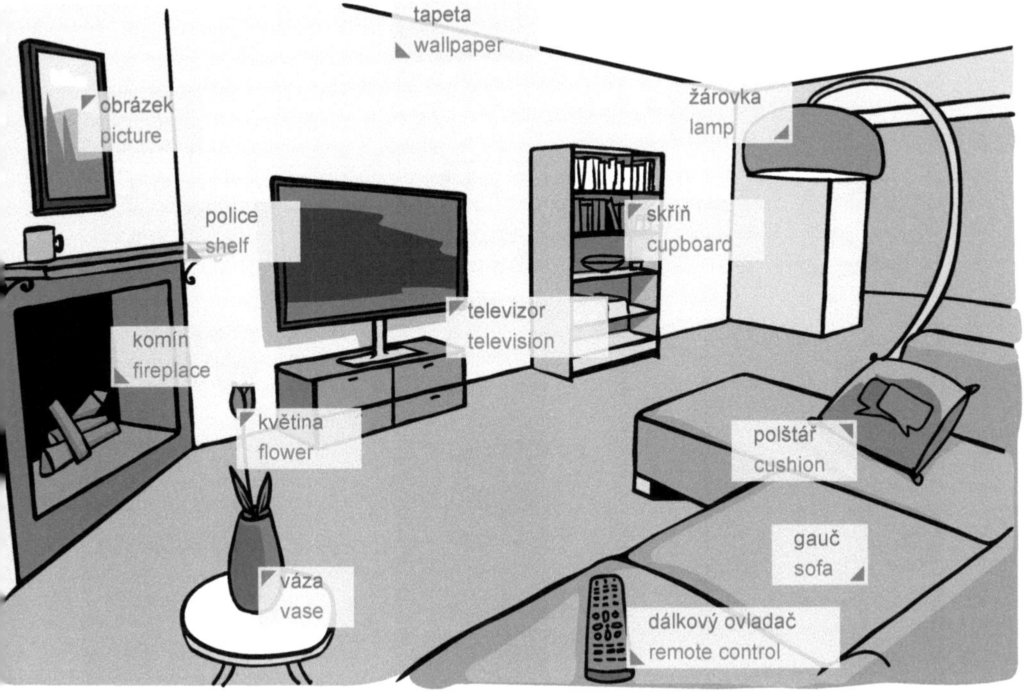

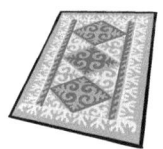

koberec

carpet

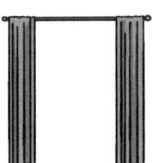

závěs

curtain

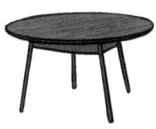

stůl

table

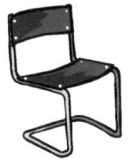

židle

chair

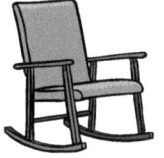

houpací křeslo

rocking chair

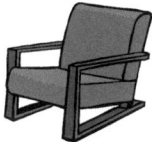

křeslo

armchair

kniha

book

strop

blanket

ozdoba

decoration

palivové dříví

firewood

film

film

stereo souprava

hi-fi equipment

klíč

key

noviny

newspaper

malba

painting

plakát

poster

rádio

radio

poznámkový blok

notepad

vysavač

hoover

kaktus

cactus

svíce

candle

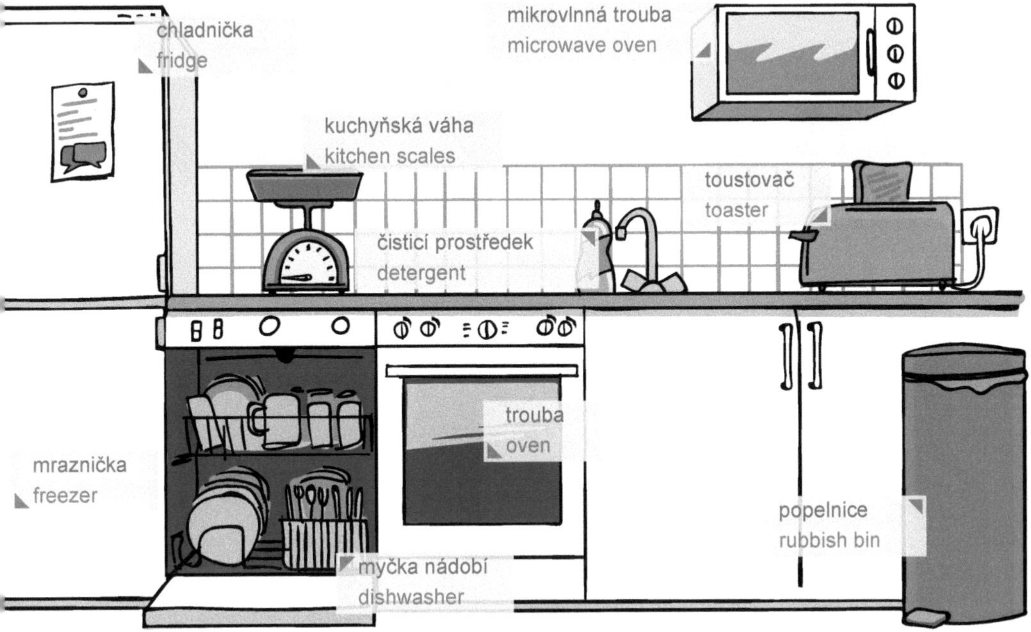

chladnička
fridge

mikrovlnná trouba
microwave oven

kuchyňská váha
kitchen scales

toustovač
toaster

čisticí prostředek
detergent

trouba
oven

mraznička
freezer

popelnice
rubbish bin

myčka nádobí
dishwasher

sporák

cooker

hrnec

pot

litinový hrnec

cast-iron pot

wok / kadai

wok / kadai

pánev

pan

varná konvice

kettle

parní hrnec

steamer

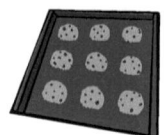

plech na pečení

baking tray

nádobí

crockery

hrnek

mug

miska

bowl

jídelní hůlky

chopsticks

naběračka

ladle

obracečka

spatula

metla

whisk

síto

strainer

cedník

sieve

struhadlo

grater

hmoždíř

mortar

gril

barbecue

ohniště

open fire

prkénko na krájení

chopping board

váleček na těsto

rolling pin

vývrtka

corkscrew

dóza

can

otvírák na konzervy

can opener

chňapka

pot holder

umyvadlo

sink

kartáč na nádobí

brush

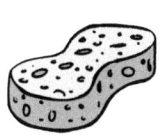

houba

sponge

mixér

blender

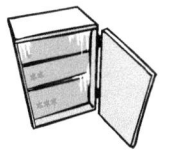

mrazák

deep freezer

dětská lahev

baby bottle

kohoutek

tap

koupelna
bathroom

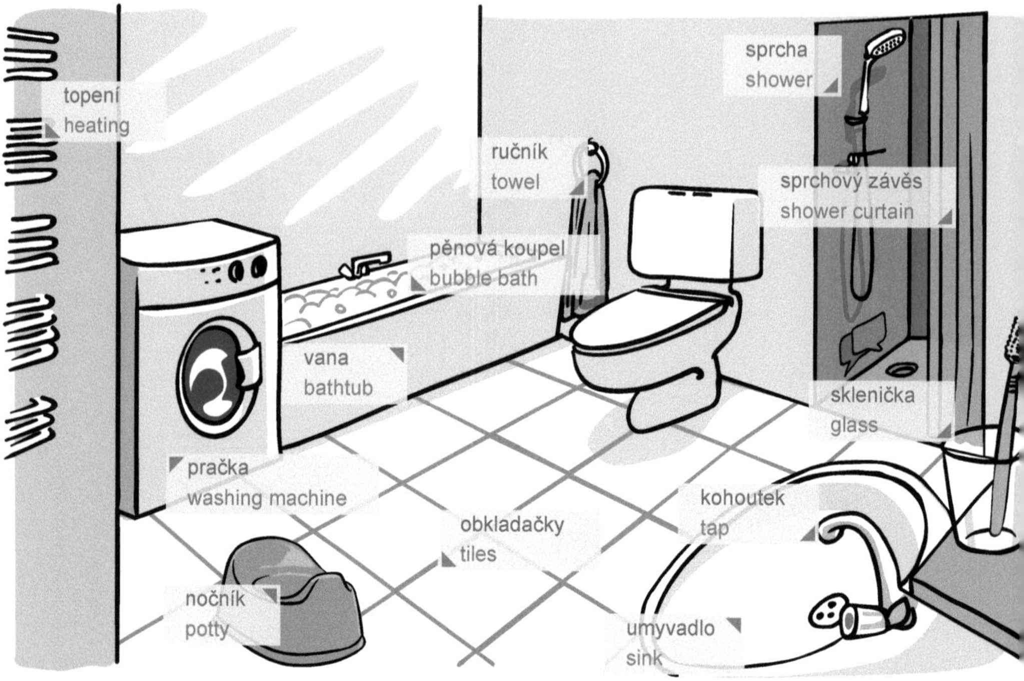

topení
heating

sprcha
shower

ručník
towel

sprchový závěs
shower curtain

pěnová koupel
bubble bath

vana
bathtub

sklenička
glass

pračka
washing machine

kohoutek
tap

obkladačky
tiles

nočník
potty

umyvadlo
sink

záchod

toilet

turecký záchod

squat toilet

bidet

bidet

pisoár

urinal

toaletní papír

toilet paper

záchodová štětka

toilet brush

zubní kartáček

toothbrush

zubní pasta

toothpaste

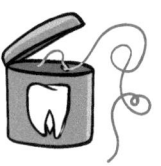

zubní niť

dental floss

mýt

wash

ruční sprcha

handheld shower

intimní sprcha

douche

umyvadlo

basin

kartáč na záda

back brush

mýdlo

soap

sprchový gel

shower gel

šampón

shampoo

žínka

flannel

odpad

drain

krém

cream

deodorant

deodorant

zrcadlo

mirror

kosmetické zrcátko

hand mirror

holicí strojek

razor

pěna na holení

shaving foam

voda po holení

aftershave

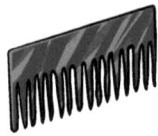

hřeben

comb

kartáč

brush

fén

hair dryer

lak na vlasy

hairspray

makeup

makeup

rtěnka

lipstick

lak na nehty

nail varnish

vata

cotton wool

nůžky na nehty

nail scissors

parfém

perfume

aška s toaletními potřebami

washbag

stolička

stool

váha

weighing scale

župan

bathrobe

gumové rukavice

rubber gloves

tampón

tampon

dámská vložka

sanitary towel

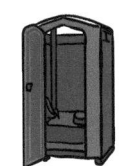

chemická toaleta

chemical toilet

dětský pokoj
child's room

budík
alarm clock
plyšová hračka
cuddly toy
autíčko
toy car
chrastítko
rattle
domeček pro panenky
doll's house
dárek
present

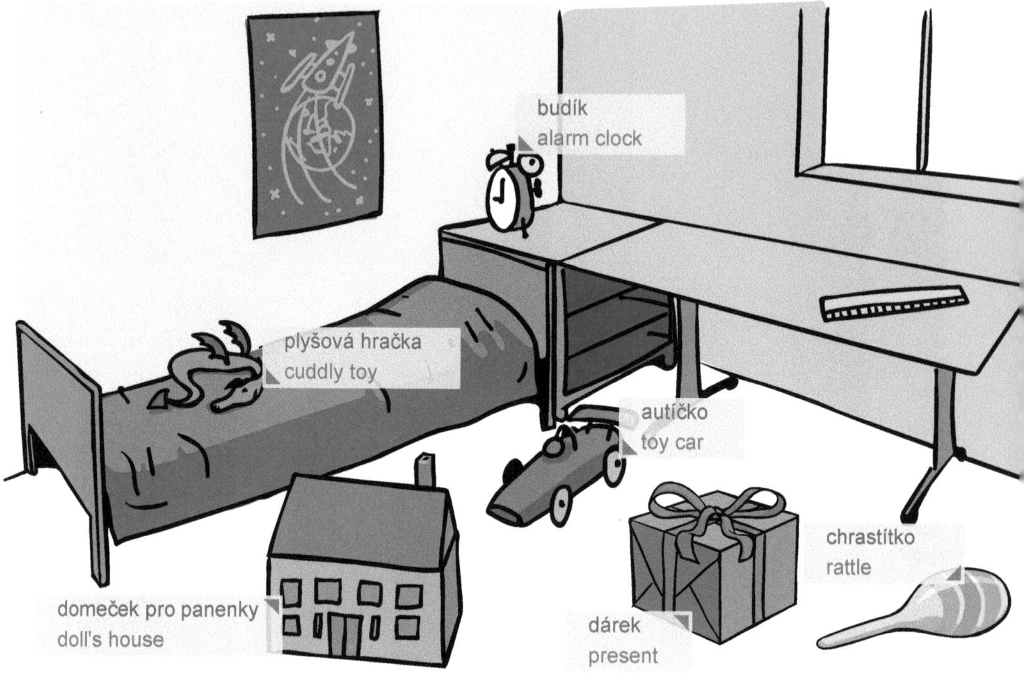

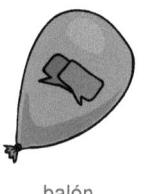

balón

balloon

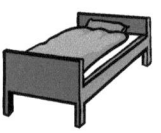

postel

bed

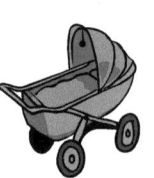

kočárek

pram

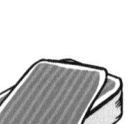

balíček karet

deck of cards

puzzle

jigsaw

SUPER
MEGA

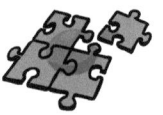

komiks

comic

lego kostky

lego bricks

stavebnice

building blocks

akční figurka

action figure

dupačky

babygrow

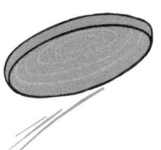

frisbee

frisbee

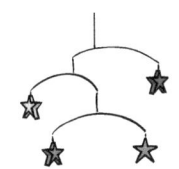

závěsné hračky nad postýlku

mobile

desková hra

board game

kostky

dice

modelová železnice

model train set

dudlík

dummy

oslava

party

obrázková kniha

picture book

míč

ball

panenka

doll

hrát si

play

pískoviště

sandpit

houpačka

swing

hračky

toys

hrací konzole

video game console

tříkolka

tricycle

medvídek

teddy bear

šatník

wardrobe

oblečení
clothing

ponožky

socks

punčochy

stockings

punčochové kalhoty

tights

šála
scarf

deštník
umbrella

pásek
belt

tričko
t-shirt

kozačky
boots

domácí obuv
slippers

tenisky
trainers

sandály	obuv	holínky
sandals	shoes	rubber boots
spodní prádlo	podprsenka	nátělník
underpants	bra	vest

oblečení - clothing

body
body

kalhoty
trousers

džíny
jeans

sukně
skirt

blůza
blouse

košile
shirt

svetr
pullover

mikina
hoodie

blejzr
blazer

bunda
jacket

kabát
coat

pláštěnka
raincoat

kostým
costume

šaty
dress

svatební šaty
wedding dress

oblek

suit

noční košile

nightgown

pyžamo

pyjamas

sárí

sari

šátek na hlavu

headscarf

turban

turban

burka

burqa

kaftan

kaftan

abája

abaya

plavky

swimsuit

pánské plavky

trunks

kraťasy

shorts

tepláková souprava

tracksuit

zástěra

apron

rukavice

gloves

oblečení - clothing

knoflík

button

brýle

glasses

náramek

bracelet

náhrdelník

necklace

prsten

ring

náušnice

earring

čepice

cap

ramínko

coat hanger

klobouk

hat

kravata

tie

zip

zip

helma

helmet

kšandy

braces

školní uniforma

school uniform

uniforma

uniform

bryndák
bib

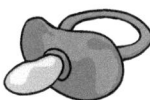

dudlík
dummy

plena
nappy

kancelář
office

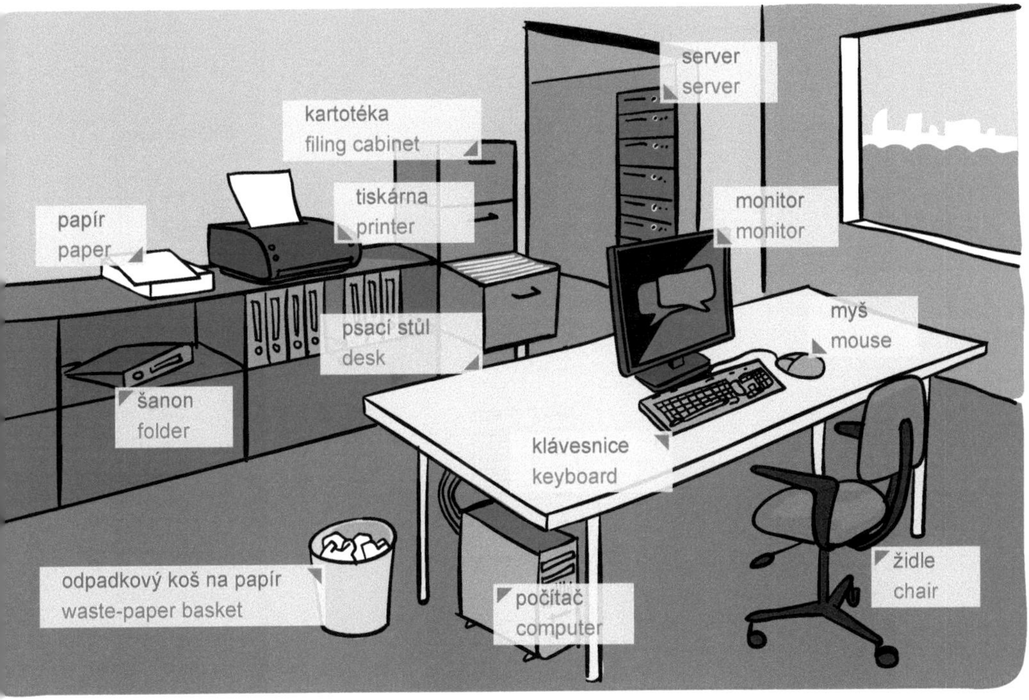

server
server

kartotéka
filing cabinet

tiskárna
printer

monitor
monitor

papír
paper

psací stůl
desk

myš
mouse

šanon
folder

klávesnice
keyboard

židle
chair

odpadkový koš na papír
waste-paper basket

počítač
computer

hrnek na kávu
coffee mug

kalkulačka
calculator

internet
internet

notebook
....
laptop

dopis
....
letter

zpráva
....
message

mobil
....
mobile

síť
....
network

kopírka
....
photocopier

software
....
software

telefon
....
telephone

zásuvka
....
plug socket

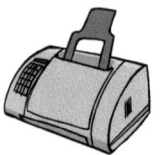

fax
....
fax machine

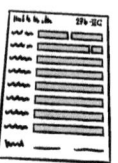

formulář
....
form

dokument
....
document

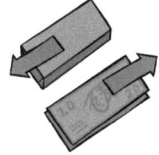

nakupovat

buy

zaplatit

pay

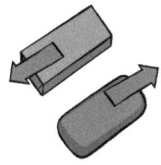

jednat

trade

peníze

money

USD

dolar

dollar

EUR

euro

euro

JPY

jen

yen

RUB

rubl

rouble

CHF

frank

Swiss franc

CNY

juan

renminbi yuan

INR

rupie

rupee

bankomat

cashpoint

směnárna

bureau de change

zlato

gold

stříbro

silver

olej

oil

energie

energy

cena

price

smlouva

contract

daň

tax

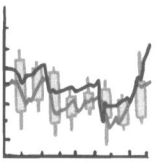

akcie

stock

pracovat

work

zaměstnanec

employee

zaměstnavatel

employer

továrna

factory

obchod

shop

povolání
occupations

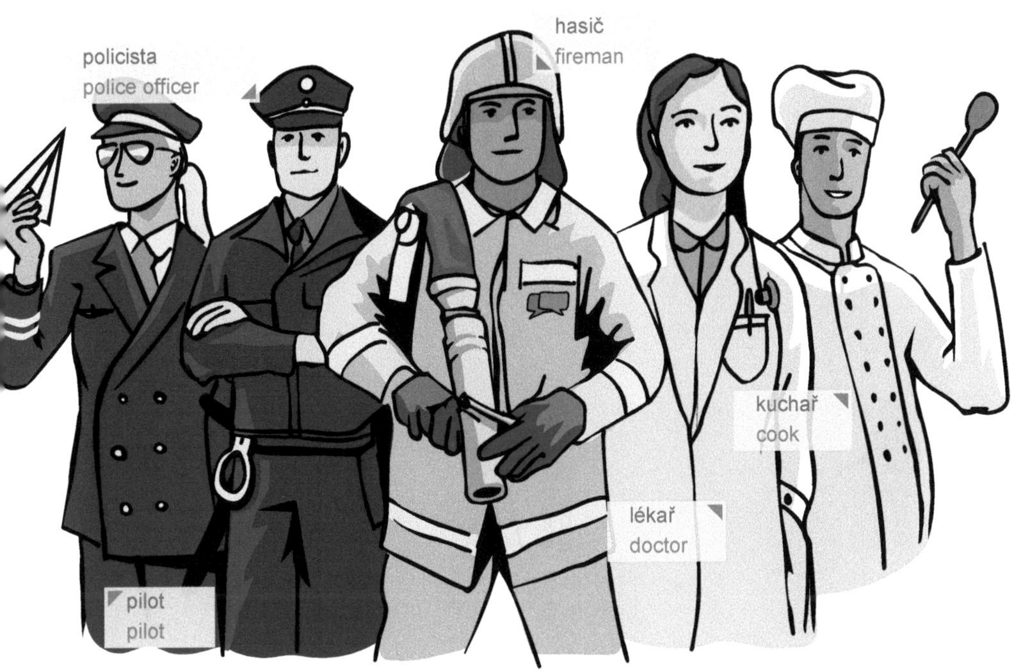
policista
police officer
hasič
fireman
kuchař
cook
lékař
doctor
pilot
pilot

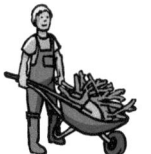

zahradník
gardener

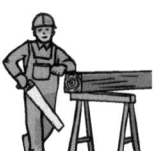

truhlář
carpenter

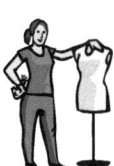

švadlena
seamstress

soudce
judge

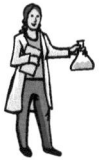

chemik
chemist

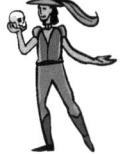

herec
actor

řidič autobusu

bus driver

řidič taxi

taxi driver

rybář

fisherman

uklízečka

cleaning lady

pokrývač

roofer

číšník

waiter

myslivec

hunter

malíř

painter

pekař

baker

elektrikář

electrician

stavební dělník

builder

inženýr

engineer

řezník

butcher

klempíř

plumber

listonoš

postman

voják

soldier

architekt

architect

pokladní

cashier

florista

florist

kadeřník

hairdresser

průvodčí

conductor

mechanik

mechanic

kapitán

captain

zubař

dentist

vědec

scientist

rabín

rabbi

imám

imam

mnich

monk

duchovní

clergyman

nářadí
tools

kleště
pliers
kladivo
hammer
šroubovák
screwdriver
klíč
spanner
kapesní svítilna
torch

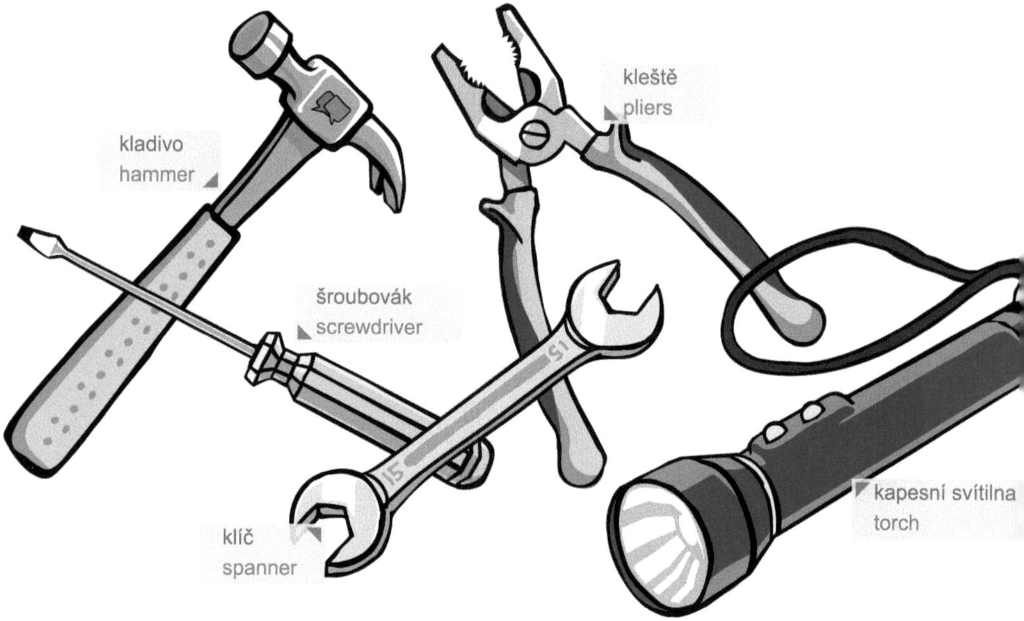

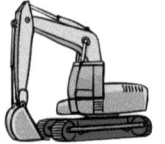

bagr

digger

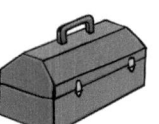

skříň na nářadí

toolbox

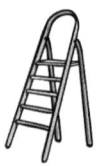

žebřík

ladder

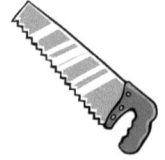

pila

saw

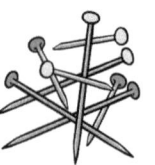

hřebíky

nails

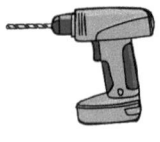

vrtačka

drill

opravit

repair

lopata

shovel

Kurva!

Damn!

lopatka

dustpan

vědroé na barvu

paint pot

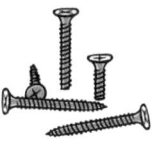

šrouby

screws

hudební nástroje

musical instruments

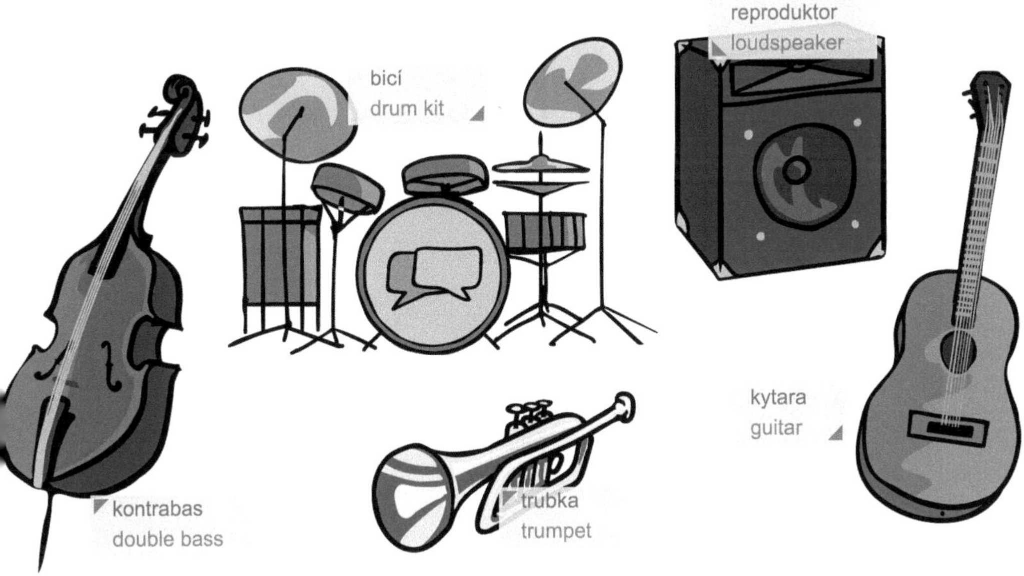

reproduktor
loudspeaker

bicí
drum kit

kytara
guitar

kontrabas
double bass

trubka
trumpet

klavír

piano

housle

violin

basa

bass

tympán

timpani

bubny

drums

keyboard

keyboard

saxofon

saxophone

flétna

flute

mikrofon

microphone

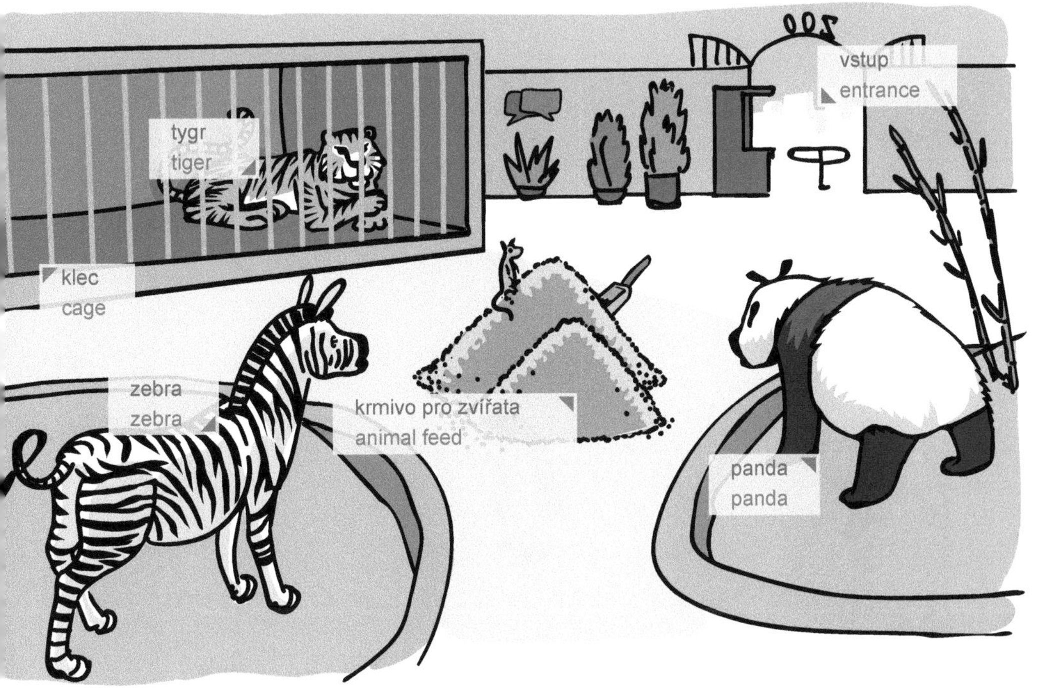

vstup
entrance

tygr
tiger

klec
cage

zebra
zebra

krmivo pro zvířata
animal feed

panda
panda

zvířata
animals

slon
elephant

klokan
kangaroo

nosorožec
rhino

gorila
gorilla

medvěd
bear

velbloud

camel

pštros

ostrich

lev

lion

opice

monkey

plameňák

flamingo

papoušek

parrot

lední medvěd

polar bear

tučňák

penguin

žralok

shark

páv

peacock

had

snake

krokodýl

crocodile

ošetřovatel zvířat

zookeeper

tuleň

seal

jaguár

jaguar

poník
pony

leopard
leopard

hroch
hippo

žirafa
giraffe

orel
eagle

divoké prase
boar

ryby
fish

želva
turtle

mrož
walrus

liška
fox

gazela
gazelle

americký fotbal
American football

cyklistika
cycling

tenis
tennis

košíková
basketball

plavání
swimming

box
boxing

lední hokej
ice hockey

kopaná
football

badminton
badminton

lehká atletika
athletics

házená
handball

běh na lyžích
skiing

vodní pólo
polo

skočit / jump

smát se / laugh

objímat / hug

jít / walk

zpívat / sing

snít / dream

modlit se / pray

políbit / kiss

psát	kreslit	ukazovat
write	draw	show
tlačit	dát	vzít si
push	give	take

mít
have

dělat
do

být
be

stát
stand

běhat
run

táhnout
pull

hodit
throw

padat
fall

ležet
lie

čekat
wait

nosit
carry

sedět
sit

oblékat
get dressed

spát
sleep

vzbudit se
wake up

aktivity - activities

prohlédnout si

look at

plakat

cry

pohladit

stroke

česat

comb

hovořit

talk

rozumět

understand

ptát se

ask

slyšet

listen

pít

drink

jíst

eat

uklidit

tidy up

milovat

love

vařit

cook

jet

drive

letět

fly

aktivity - activities

plachtit
sail

počítat
calculate

číst
read

učit se
learn

pracovat
work

vzít si
marry

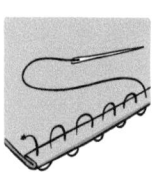

šít
sew

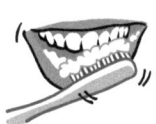

čistit si zuby
brush teeth

zabít
kill

kouřit
smoke

poslat
send

aktivity - activities

rodina
family

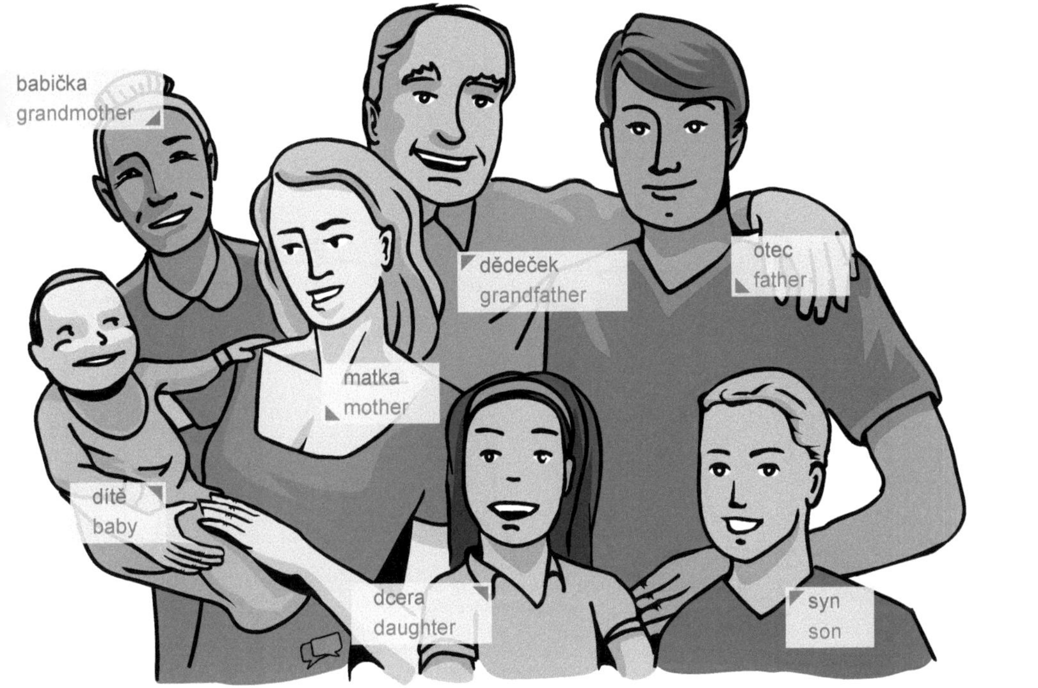
babička
grandmother
dědeček
grandfather
otec
father
matka
mother
dítě
baby
dcera
daughter
syn
son

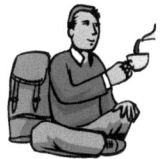

host

guest

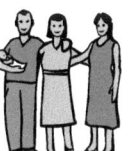

teta

aunt

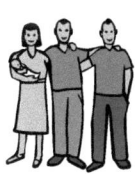

strýc

uncle

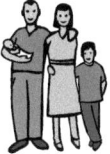

bratr

brother

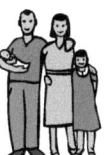

sestra

sister

tělo
body

čelo
forehead
oko
eye
rameno
shoulder
prst
finger
obličej
face
brada
chin
ruka
hand
dolní končetina
leg
hruď
breast
paže
arm

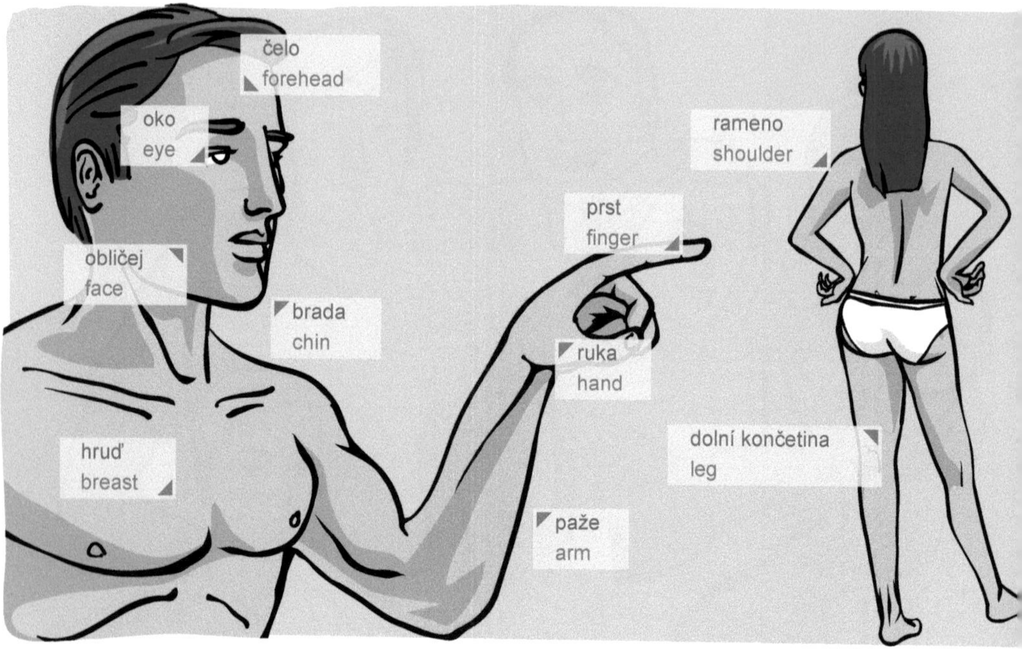

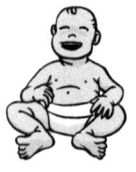

dítě

baby

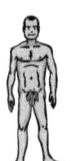

muž

man

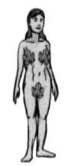

žena

woman

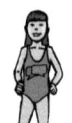

dívka

girl

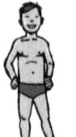

chlapec

boy

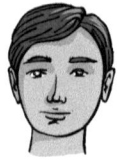

hlava

head

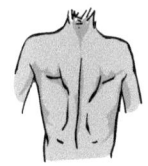

záda

back

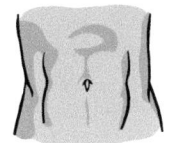

břicho

belly

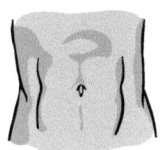

pupík

belly button

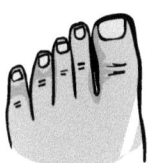

prst na noze

toe

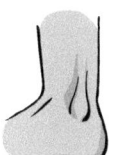

pata

heel

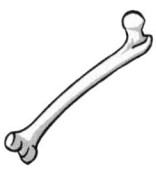

kost

bone

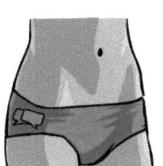

bok

hip

koleno

knee

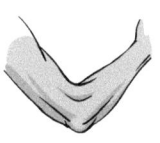

loket

elbow

nos

nose

zadek

bottom

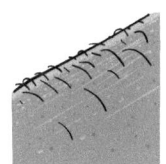

kůže

skin

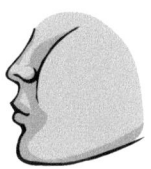

tvář

cheek

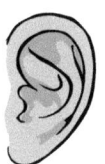

ucho

ear

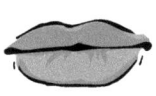

ret

lip

tělo - body

ústa

mouth

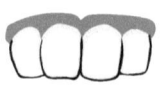

zub

tooth

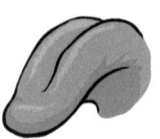

jazyk

tongue

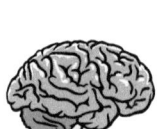

mozek

brain

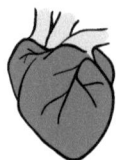

srdce

heart

sval

muscle

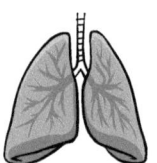

plíce

lung

játra

liver

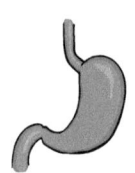

žaludek

stomach

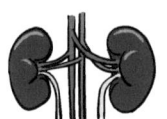

ledviny

kidneys

pohlavní styk

sex

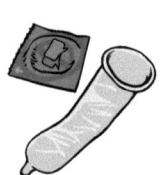

kondom

condom

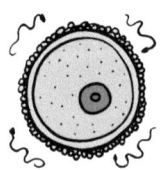

vajíčko

ovum

sperma

semen

těhotenství

pregnancy

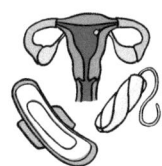

menstruace
....
menstruation

vagina
....
vagina

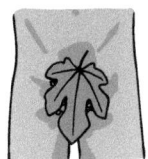

penis
....
penis

obočí
....
eyebrow

vlasy
....
hair

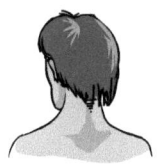

krk
....
neck

nemocnice
hospital

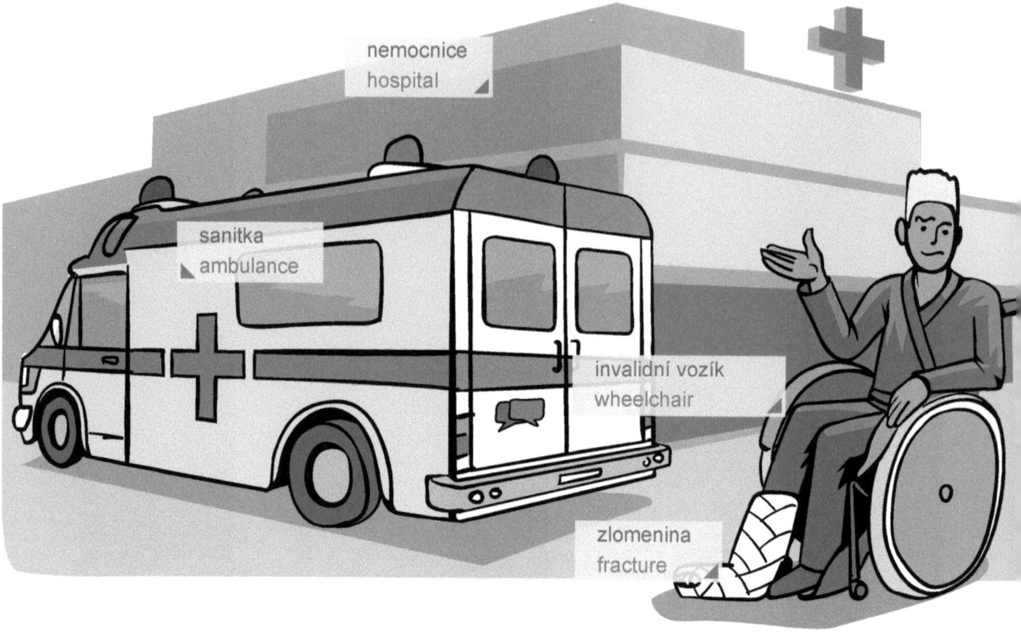

nemocnice
hospital
sanitka
ambulance
invalidní vozík
wheelchair
zlomenina
fracture

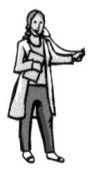

lékař

doctor

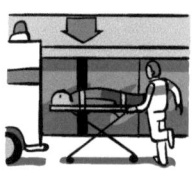

pohotovost

emergency room

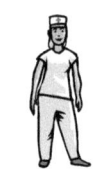

zdravotní sestra

nurse

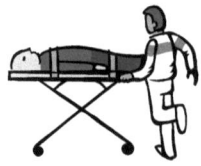

urgentní případ

emergency

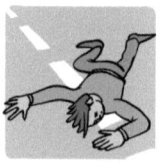

v bezvědomí

unconscious

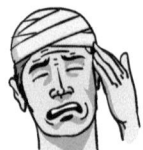

bolest

pain

úraz

injury

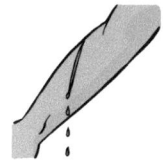

krvácení

bleeding

infarkt myokardu

heart attack

cévní mozková příhoda

stroke

alergie

allergy

kašel

cough

horečka

fever

chřipka

flu

průjem

diarrhoea

bolest hlavy

headache

rakovina

cancer

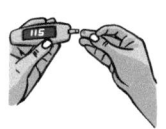

cukrovka

diabetes

chirurg

surgeon

skalpel

scalpel

operace

operation

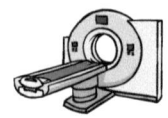

CT
CT

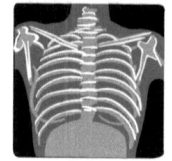

rentgen
x-ray

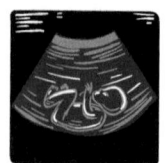

ultrazvuk
ultrasound

maska
face mask

nemoc
disease

čekárna
waiting room

berle
crutch

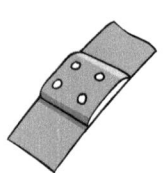

náplast
plaster

obvaz
bandage

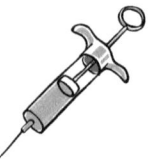

injekce
injection

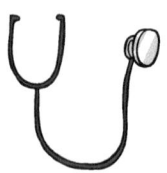

stetoskop
stethoscope

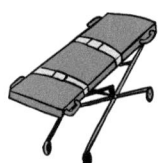

nosítka
stretcher

teploměr
clinical thermometer

porod
birth

nadváha
overweight

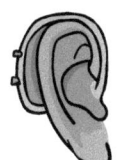

naslouchátko

hearing aid

dezinfekční prostředek

disinfectant

infekce

infection

virus

virus

HIV / AIDS

HIV / AIDS

lékařství

medicine

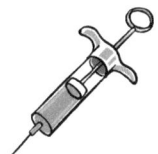

očkování

vaccination

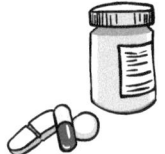

tablety

tablets

pilulka

pill

tísňové volání

emergency call

tonometr

blood pressure monitor

nemocný / zdravý

ill / healthy

Pomoc!	 poplach	 přepadení
Help!	alarm	assault

 napadení	 nebezpečí	 nouzový východ
attack	danger	emergency exit

Hoří!	 hasicí přístroj	 nehoda
Fire!	fire extinguisher	accident

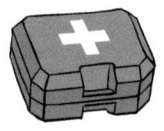 zdravotnická brašna	 SOS	 policie
first-aid kit	SOS	police

Evropa

Europe

Severní Amerika

North America

Jižní Amerika

South America

Afrika

Africa

Asie

Asia

Austrálie

Australia

Atlantik

Atlantic

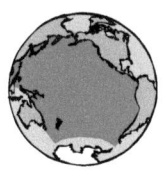

Pacifik

Pacific

Indický oceán

Indian Ocean

Jižní ledový oceán

Antarctic Ocean

Severní ledový oceán

Arctic Ocean

severní pól

North Pole

jižní pól
....
South Pole

Antarktida
....
Antarctica

země
....
Earth

pevnina
....
land

moře
....
sea

ostrov
....
island

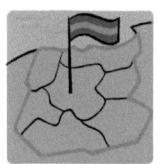

národ
....
nation

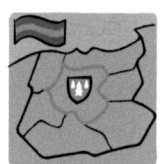

stát
....
state

ciferník

clock face

hodinová ručička

hour hand

minutová ručička

minute hand

vteřinová ručička

second hand

Kolik je hodin?

What time is it?

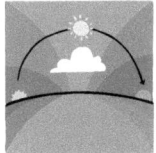

den

day

čas

time

teď

now

digitální hodinky

digital watch

minuta

minute

hodina

hour

pondělí Monday	středa Wednesday	pátek Friday
úterý Tuesday	čtvrtek Thursday	sobota Saturday
		neděle Sunday

včera	dnes	zítra
yesterday	today	tomorrow

ráno	poledne	večer
morning	noon	evening

pracovní dny	víkend
business days	weekend

rok

year

duha
rainbow
déšť
rain
vítr
wind
sníh
snow
jaro
spring
podzim
autumn
léto
summer
zima
winter

4.APRIL 11°
5.APRIL 4°
6.APRIL 13°
7.APRIL 8°
8.APRIL 10°

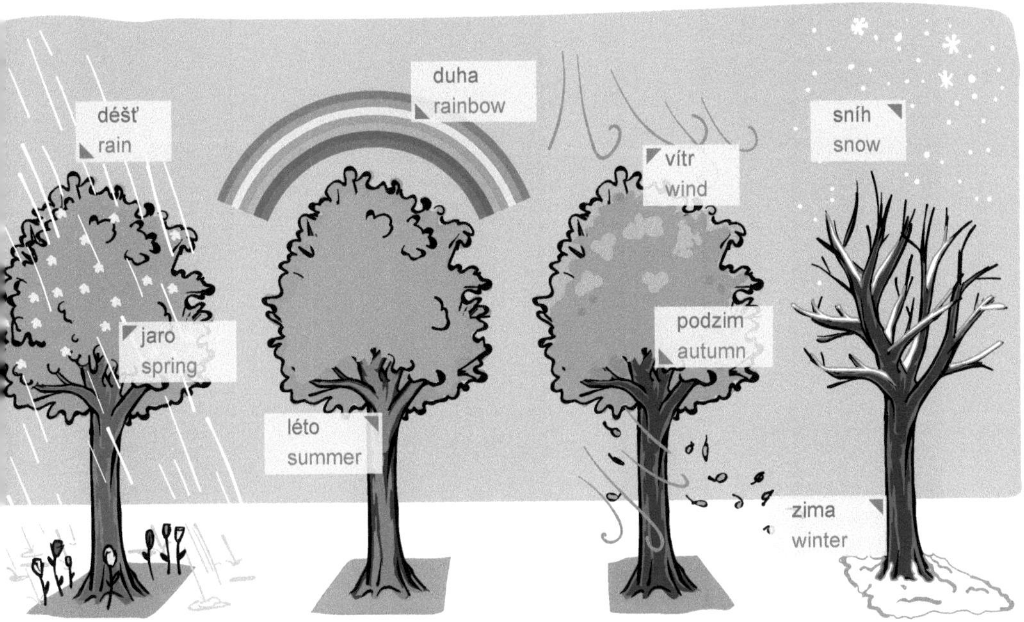

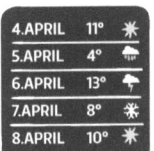

předpověď počasí

weather forecast

F C
120 40
90 30
60 20
30 10
0 0
-30 -10
-20

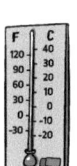

teploměr

thermometer

sluneční svit

sunshine

mrak

cloud

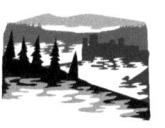

mlha

fog

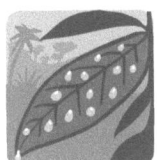

vlhkost

humidity

blesk

lightning

hrom

thunder

bouřka

storm

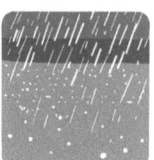

kroupy

hail

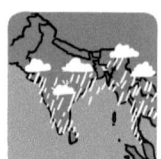

monzun

monsoon

povodeň

flood

led

ice

leden

January

únor

February

březen

March

duben

April

květen

May

červen

June

červenec

July

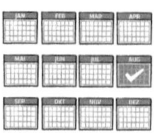

srpen

August

rok - year

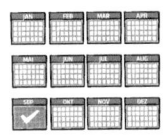

září
....
September

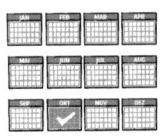

říjen
....
October

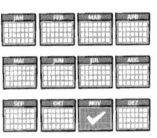

listopad
....
November

prosinec
....
December

tvary
shapes

kruh
....
circle

čtverec
....
square

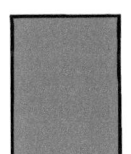

obdélník
....
rectangle

trojúhelník
....
triangle

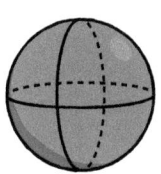

koule
....
sphere

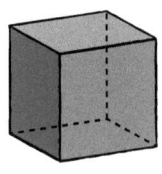

krychle
....
cube

barvy
colours

bílá

white

žlutá

yellow

oranžová

orange

růžová

pink

červená

red

fialová

purple

modrá

blue

zelená

green

hnědá

brown

šedá

grey

černá

black

hodně / málo

a lot / a little

rozzuřený / mírumilovný

angry / calm

krásný / ošklivý

beautiful / ugly

začátek / konec

beginning / end

velký / malý

big / small

světlý / tmavý

bright / dark

bratr / sestra

brother / sister

čistý / špinavý

clean / dirty

úplný / neúplný

complete / incomplete

den / noc

day / night

mrtvý / živý

dead / alive

široký / úzký

wide / narrow

jedlý / nejedlý

edible / inedible

zlý / hodný

evil / kind

vzrušený / znuděný

excited / bored

tlustý / hubený

fat / thin

nejdříve / naposledy

first / last

přítel / nepřítel

friend / enemy

plný / prázdný

full / empty

tvrdý / měkký

hard / soft

těžký / lehký

heavy / light

hlad / žízeň

hunger / thirst

nemocný / zdravý

ill / healthy

ilegální / legální

illegal / legal

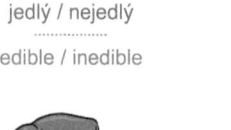

inteligentní / hloupý

intelligent / stupid

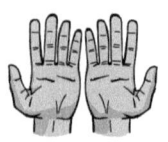

vlevo / vpravo

left / right

blízko / daleko

near / far

nový / použitý

new / used

nic / něco

nothing / something

starý / mladý

old / young

zapnutý / vypnutý

on / off

otevřeno / zavřeno

open / closed

tichý / hlasitý

quiet / loud

bohatý / chudý

rich / poor

správný / špatný

right / wrong

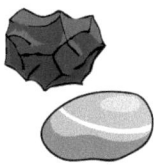

drsný / hladký

rough / smooth

smutný / šťastný

sad / happy

krátký / dlouhý

short / long

pomalý / rychlý

slow / fast

vlhký / suchý

wet / dry

teplý / chladný

warm / cool

válka / mír

war / peace

0

nula
....
zero

1

jedna
....
one

2

dva
....
two

3

tři
....
three

4

čtyři
....
four

5

pět
....
five

6

šest
....
six

7

sedm
....
seven

8

osm
....
eight

9

devět
....
nine

10

deset
....
ten

11

jedenáct
....
eleven

12

dvanáct

twelve

13

třináct

thirteen

14

čtrnáct

fourteen

15

patnáct

fifteen

16

šestnáct

sixteen

17

sedmnáct

seventeen

18

osmnáct

eighteen

19

devatenáct

nineteen

20

dvacet

twenty

100

sto

hundred

1.000

tisíc

thousand

1.000.000

milion

million

čísla - numbers

angličtina

English

americká angličtina

American English

standardní čínština

Chinese Mandarin

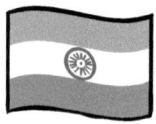

hindština

Hindi

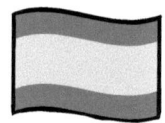

španělština

Spanish

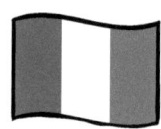

francouzština

French

arabština

Arabic

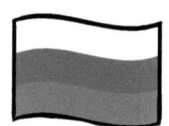

ruština

Russian

portugalština

Portuguese

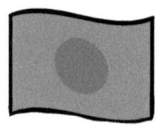

bengálština

Bengali

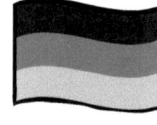

němčina

German

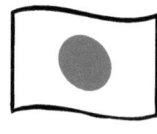

japonština

Japanese

já
I

ty
you

on / ona / ono
he / she / it

my
we

vy
you

oni
they

Kdo?
who?

Co?
what?

Jak?
how?

Kde?
where?

Kdy?
when?

jméno
name

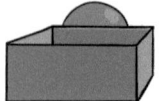

za

behind

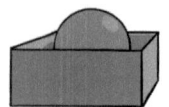

do

in

z

in front of

nad

over

na

on

mezi

under

vedle

beside

mezi

between

místo

place